Illustrations de Ma

Comptines à lire à deux

comptines d'animaux

Éditions Lito

ISBN 978-2-244-40552-0
www.editionslito.com

Comptines choisies par Virginie Aladjidi et Caroline Pellissier.
Malgré nos efforts nous n'avons pu identifier les ayants droit de tous les textes.
Nous les invitons donc à prendre contact avec nous afin d'y remédier.

La famille Tortue : © Éditions Au Merle Moqueur / Label Enfance et Musique

Lito
41, rue de Verdun 94500 Champigny-sur-Marne
Imprimé en UE
Loi n° 49-956 du 16 juillet 1949 sur les publications destinées à la jeunesse
Dépôt légal : février 2008

Sommaire

Coccinelle, demoiselle

, demoiselle,

Bête à bon Dieu,

, demoiselle,

Vole vers les cieux.

Petit point ,

Elle bouge,

Petit point  ,

Elle attend,

Petit point  ,

 , au revoir.

coccinelle   rouge   blanc   noir

Il pleut, il mouille

Il pleut, il mouille,

C'est la fête à la ,

Il mouille, il pleut,

C'est la fête au bleu,

Il pleut, il pleut plus,

C'est la fête à la .

grenouille

poisson

tortue

Une poule sur un mur

Une  sur un mur

Qui picore du  dur,

Picoti, picota,

Lève la

Et puis s'en va.

poule

pain

queue

Petit escargot

Petit

Porte sur son dos

Sa 🏠 .

Aussitôt qu'il pleut,

Il est tout heureux,

Il sort sa 🐌 .

escargot

maisonnette

tête

Une souris verte

Une  qui courait dans l' ,

Je l'attrape par la ,

Je la montre à ces messieurs.

Ces messieurs me disent :

« Trempez-la dans l'huile,

Trempez-la dans l' ,

souris verte   herbe   queue   eau

Ça fera un 🐌 tout chaud ! »

Je la mets dans mon 🎩,

Elle me dit qu'il fait trop chaud,

Je la mets dans mon tiroir,

Elle me dit qu'il fait trop noir,

Je la mets dans ma 👙,

Elle me fait trois petites 💩.

escargot　chapeau　culotte　crottes

La famille Tortue

Jamais on n'a vu,

Jamais on ne verra,

La

Courir après les  .

15

Le papa Tortue

Et la maman Tortue

Et les

Iront toujours au pas !

 famille Tortue

 rats

 enfants Tortue

Trois petits lapins

Au clair de la ,

Trois petits

Qui mangeaient des

Comme des petits coquins,

La pipe à la bouche

Le à la main,

En disant : « Mesdames,

Versez-nous du vin

Tout plein jusqu'à demain matin. »

lune

lapins

prunes

verre

Oh, l'escargot !

Oh, l' !

Quelle drôle de petite bête,

C'est rigolo,

Ces deux sur sa .

Ouh la la la,

Ouh la la la la lère.

 escargot

 cornes

tête

Dans la forêt lointaine

Dans la  lointaine,

On entend le .

Du haut de son grand chêne,

Il répond au  :

« Coucou hibou,

Coucou hibou,

Coucou, coucou, coucou. »

forêt   coucou   hibou

C'est la poule grise

C'est la

Qui pond dans l'église,

C'est la

Qui pond dans l'armoire,

C'est la

Qui pond sur la planche.

poule grise   poule noire   poule blanche

Dans cette collection :

bonne nuit les comptines
Illustrations de Mayalen Goust

10 comptines pour bercer
les tout-petits.

comptines d'animaux
Illustrations de Marion Billet

10 comptines pour jouer
avec les animaux.

1,2,3- comptines
Illustrations de Mélanie Grandgirard

10 comptines pour jouer
avec les chiffres.

comptines à gestes
Illustrations de Mélanie Florian

10 comptines pour
s'amuser à mimer.